AF235373

Rom

lieben lernen

*Der perfekte Reiseführer für einen unvergessli-
chen Aufenthalt in Rom inkl. Insider-Tipps, Tipps
zum Geldsparen und Packliste*

Natalie Mancini

✈ INHALT

Das erwartet Sie in diesem Buch

Planen Sie schon seit Langem eine Reise nach „Bella Italia"? Auch wenn Italien viele schöne Städte zu bieten hat, bleibt ein Besuch in Italiens Hauptstadt Rom ein ganz besonderes Erlebnis, an das man sich gerne zurückerinnert. Doch durch die Fülle an Möglichkeiten, welche eine solche Millionenstadt bietet, ist es häufig schwer, nur einige wenige davon auszuwählen. Stellen Sie sich mithilfe von einigen nützlichen Tipps Ihren individuellen Programmplan zusammen, damit die nächste Reise zum Traumurlaub wird. Dabei kommt es nicht immer darauf an, wie viel Geld sich in der Reisekasse befindet, da Rom auch für den kleinen Geldbeutel ein fantastisches Abenteuer sein kann.

Lassen Sie sich überraschen von Geheimtipps, lernen Sie die Großstadt von einer anderen Seite kennen und folgen Sie den Wegen der alten Römer, die überall in der Stadt ihre Spuren hinterlassen haben. Denn Rom ist vor allem eines: Geschichte hautnah und zum Anfassen! Nicht nur die Vielzahl an antiken Ruinen wie das berühmte Kolosseum, sondern auch prunkvolle, katholische Kirchen begeistern durch ihre atemberaubende Architektur. Wer davon noch nicht genug hat, wird spätestens in der Vatikanstadt begeistert sein. Denn obwohl diese kein Teil von Rom und nicht mal von Italien selbst ist, bedeutet ein Besuch nur einen Katzensprung und sollte auf jeden Fall integriert werden.

Auch kulinarisch hat die Hauptstadt einiges zu bieten: Von dem teuren Restaurant bis zum normalen Supermarkt ist für jede Preisklasse etwas dabei. Die besten Pizzerien, Gelaterias und Ristoranti finden sich selbstverständlich auch in diesem Buch wieder. Lernen Sie die liebenswerte Art der Bewohner kennen und fühlen Sie sich in der Hauptstadt willkommen. Lassen auch Sie sich von Rom verzaubern.

Vorbereitungs-, und Anreisetipps

Wie bei den meisten Dingen ist auch bei einer Reise die Vorbereitung das A und O. Denn früh zu reservieren zahlt sich aus. Bei frühzeitigen Buchen gibt es nicht nur Rabatte, sondern auch das Angebot an Möglichkeiten ist wesentlich größer als bei Last-Minute-Trips. Zunächst sollte man sich informieren, wie und wohin man reisen will. Da sie dieses Buch lesen haben sie mit Rom eine gute Wahl getroffen.

ANREISE

Bekanntermaßen führen alle Wege nach Rom, doch bei der Anreise ist die Vielfalt groß: von herkömmlichen Varianten wie Auto oder der Bahn gibt es auch untypische Möglichkeiten wie eine Kreuzfahrt oder einen recht kostenintensiven Flug. Lassen Sie mich Ihnen im Folgenden einige dieser Möglichkeiten vorstellen, damit Ihr Urlaub schon entspannt starten kann.

Tipps und Infos zu der Anreise mit dem Auto
Ob eigenes PKW oder Mietwagen, das Auto ist wohl die konventionellste Möglichkeit zu Reisen, die den Vorteil bietet innerhalb Roms mobil zu sein, ohne auf die öffentlichen Verkehrsmittel vor Ort angewiesen zu sein.

Die Fahrtzeit von Deutschland nach Rom beträgt ca. 9-18 Stunden, also wäre es empfehlenswert in einer Stadt, die auf dem Weg liegt, wie beispielsweise Bologna oder Florenz, einen Zwischenstopp einzulegen und dort auch die Nacht zu verbringen. Denn gerade für Familien kann die lange Autofahrt zum Horrortrip werden und Sie sollten vorher abwägen, ob eine so lange Fahrt für Sie infrage kommt.

Zudem sollte man sich vorher mit den italienischen Verkehrsregeln befasst haben, da diese sich in einigen Bereichen von den deutschen Verkehrsregeln unterscheiden. Zunächst wird es für einen Deutschen, der von zu Hause unbegrenzte Geschwindigkeit auf Schnellstraßen gewohnt ist, schwer sein, sich an das strenge Tempolimit zu halten. Beispielsweise sind Geschwindigkeiten von über 130 km/h grundsätzlich verboten. Achten Sie am besten beim Passieren der Grenze auf Schilder, die das geltende, italienische Tempolimit anzeigen.

Auch die Verkehrszeichen haben andere Farben und Anweisungen sind, wie zu erwarten, auf Italienisch. Die wichtigsten Hinweise und ihre Bedeutung finden sie in der folgenden Tabelle:

Italienisch	Deutsch
Divieto di accesso	Zufahrt verboten
Strada senza uscita	Sackgasse
Senso unico	Einbahnstraße
sbarrato	Sperrung
Deviazione	Umleitung
Lavori in corso	Bauarbeiten
rallentare	Langsam fahren
parcheggio	Parkplatz
alt	Halt

Seien Sie sich zudem bewusst, dass der italienische Verkehr ein wenig lebhafter und lauter sein kann, als gewohnt. Die Hupe findet es Öfteren Gebrauch, um auf sich aufmerksam zu machen. Nehmen Sie dies nicht persönlich und lassen Sie sich von der Hektik nicht verunsichern. In puncto Kosten, liegen sie bei 1.200 km bei Spritkosten von ca. 120 Euro.

Mein Tipp: Bedenken Sie, das die Spritpreise in Italien um einiges höher sind, als in Deutschland. Versuchen Sie deswegen vor der Grenze noch Mal vollzutanken. Wenn es doch nicht anders geht, empfehle ich Ihnen die Tankstelle „Kufstein". Dort ist zumindest Diesel etwas kostengünstiger.

Tipps und Infos zu der Anreise mit dem Flugzeug:
Nach Rom zu fliegen ist in jedem Fall die schnellste Art zu Reisen, zudem sprengt ein Direktflug nach Rom mit ca. 170 Euro pro Person nicht jeglichen Rahmen. Setzen Sie sich in Ihren Flieger und seien Sie nur zwei Stunden später an Ihrem Ziel. Das Preis-Leistungs-Verhältnis spricht zumindest für sich. Wenn Sie sich an einen Billigflug wagen wollen, wie bei z. B. dem Anbieter Ryanair, bekommen Sie sogar Angebote im niedrigen zweistelligen Bereich.

Tipps und Infos zu der Anreise mit dem Reisebus:
Fernbusse erfreuen sich in letzter Zeit an großer Beliebtheit, denn gerade für junge Menschen ist der Reisebus eine kostengünstige Alternative. So kostet eine Fahrt bei einem der prominentesten Fernbusse um die 50 Euro, bei einer Fahrtzeit von ca. 21 Stunden. Wer also einen erschwinglichen Preis für seine Anfahrt nach Rom möchte und wem es nichts aus macht, 20 Stunden und vor allem über Nacht mit dem Bus zu reisen, für den lohnt sich die Fahrt mit einem Reisebus, trotz niedrigem Komfort. Meistens sind solche Busse mittlerweile auch mit Steckdosen ausgestattet und das Internet ist frei für alle Passagiere zugänglich. Allerdings könnte es sein, dass sie

bei einer so langen Strecke keine Direktverbindung finden können und umsteigen müssen. Doch da viele Fernbusstationen sehr gut ausgebaut sind, dürfte ein zu Recht finden kein Problem darstellen.

Jedoch ist es wenig empfehlenswert mit kleinen Kindern oder Senioren diese Möglichkeit in Betracht zu ziehen, da doch eine gewisse körperliche Belastbarkeit eine Rolle spielt.

Tipps und Infos zu der Anreise mit dem Schiff:
Da Rom bekanntermaßen am Tyrrhenischen Meer gelegen ist, liegt es nahe, einen Besuch nach Rom mit einer Kreuzfahrt zu unternehmen. Wem es nichts ausmacht, nur 1-2 Tage in der Hauptstadt zu verbringen oder dort schon einmal gewesen ist und in Erinnerungen schwelgen möchte, für den wäre diese untypische Anreise eine Überlegung wert. Außerdem bietet sich so die Möglichkeit, noch unbekannte Schätze der italienischen Küste zu entdecken.

Tipps und Infos zu der Anreise mit dem Zug:

Die Reise mit dem Zug erscheint vom Preis-Leistungs-Verhältnis die Schlechteste zu sein, da bei einer Fahrzeit von 12 Stunden ein Mindestpreis von 100 Euro pro Person anfällt. Wer jedoch den restlichen Transportwegen nichts abgewinnen kann und eher im Süden Deutschlands lebt, der ist mit einer Verbindung von München aus mit einer Fahrtzeit von 13 Stunden gut beraten, da diese nur 30 Euro kosten kann.

Übrigens: Das Italienische Pendant zur Deutschen Bahn heißt Trenitalia und wird Sie auf Ihrer Zugreise unumgänglich begleiten.

WOHNSITUATION

Wenn Sie sich nun für eine der Anreisemöglichkeiten entschieden und vielleicht sogar schon gebucht haben, bleibt die Frage nach einer passenden Unterkunft. Zwischen den abertausenden Hotels oder Hostels wird aller Wahrscheinlichkeit nach auch eine Bleibe für Sie dabei sein. Jedoch sollten Sie zwischen den wichtigsten Standortfaktoren abwägen und entscheiden, welche für Sie die beste Wahl ist. Ist Ihnen der Komfort wichtig? Wollen Sie nach einem erlebnisreichen Tag in ein luxuriöses Zimmer zurückkehren können und sich entspannen, während Sie sich um die Verpflegung keine Gedanken machen müssen? Dann liegt das Hotel Ihrer Vorstellung in einer höheren Preisklasse.

Vor allem dann, wenn sich die Unterkunft in der Nähe der Innenstadt und damit einhergehend auch unweit der Sehenswürdigkeiten befinden sollte. Allerdings hat Rom ein ziemlich gut ausgebautes Bus- und Straßenbahnnetz zu erschwinglichen Preisen. Daher ist es ratsam, sich für ein preiswertes Angebot zu entscheiden, das etwas weniger zentral liegt, dafür aber mit guter Erreichbarkeit zu den öffentlichen Verkehrsmitteln.

Allerdings können solche Unterkünfte zuweilen sehr kostspielig sein. Wer also für die Dauer seines Aufenthalts auf Komfort und auch ein wenig Privatsphäre verzichten kann, der sollte sich nach Hostels umschauen, die oft durch Mehrbettzimmer und Gemeinschaftsbäder zu charakterisieren sind. Dafür sind die Kosten vergleichsweise niedrig.

Mein Tipp: Achten Sie darauf, dass Sie Zugang zu einer Küche haben, da die Möglichkeit selbst zu kochen zusätzlich den Geldbeutel schont. Denn wenn Sie es nicht für nötig empfinden, jeden Tag in Restaurants einzukehren, ist selbst kochen eine günstige Alternative.

Allerdings muss man bedenken, dass ein Aufenthalt in einem solchen Hostel eher suboptimal für Familien mit Kindern ist. Jedoch gibt es häufig auch Zweibettzimmer zu buchen, die jedoch etwas mehr kosten.

Sie haben nun erfolgreich eine Unterkunft gebucht und sehen sich im Begriff, dort anzureisen Seien Sie nicht abgeschreckt von der manchmal etwas unkonventionellen Handhabung der Italiener, denn gerade bei den kostengünstigen Unterkünften ist es meist nicht üblich, eine Rezeption zu besitzen. Manchmal befinden sich die so genannten Hotels in Wohnhäusern und die Kontaktdaten, die man von den Eigentümern erhält, sind meist Privatnummern und es ist auch keine Seltenheit, dass diese mit Ihnen über den Nachrichtendienst WhatsApp Kontakt zu Ihnen aufnehmen.

Zudem ist zu beachten, dass eine Kontaktaufnahme notwendig ist, da vor Ort kein Personal auf Sie warten wird und so die Schlüsselvergabe nur nach Absprache erfolgen kann. Sein Sie jedoch unbesorgt, die Menschen können gut Englisch und sind sehr freundlich und zuvorkommend. Ich persönlich habe noch keine schlechten Erfahrungen gemacht und empfinde das Wohnen in einem Appartement inmitten des Alltages der Einwohner als angenehm und heimisch, da man sich nicht allzu sehr wie ein typischer Tourist fühlt und eine positive Erfahrung gewinnt.

Eine andere Möglichkeit ist das sogenannte Camping In Town. Dort schläft man in Bungalows zu zweit oder mit mehreren. Eine Nacht kostet hier ca. 15 € pro Person. Für einen Aufpreis erhält man Frühstück mit dazu. Sie können zwischen verschiedenen Preisklassen wählen. Die Lokalität ist ca. 6 km von der Innenstadt entfernt.

Für richtigen Abenteurer unter Ihnen gibt es auch noch die Variante des Couchsurfings, insofern man kontaktfreudig und spontan sein kann. Hierfür registrieren Sie sich einfach auf der Seite www.couchsurfing.com und lernen sie Bewohner kennen, die ihre Couch an Sie verleihen wollen. Diese Variante ist kostenlos und eine gute Möglichkeit, weltweit Kontakte zu knüpfen.

Achtung: Im Zentrum Roms ist es sehr sauber und angenehm, doch je weiter man sich von der Innenstadt entfernt, desto dreckiger sind die Straßen. Es kann durchaus vorkommen, das Unmengen an Müll noch neben den Tonnen auf der Straße liegt. Der Geruch ist an diesen Stellen entsprechend. Die Müllabfuhr ist mit den Unmengen an Abfall, den eine Millionenstadt nun mal produziert, überfordert. Was zum Teil sicherlich auch daran liegt, dass die Italiener kein Pfandsystem haben und so ein Großteil des Wertstoffmülls Plastikflaschen sind. Doch eine Umstellung gestaltet sich als schwierig, da sich Menschen nicht gerne von Ihren Gewohnheiten trennen.

Speis und Trank

Mal ehrlich, was wäre eine Reise nach Italien, ohne das leckere, landestypische Essen zu probieren? Doch auch hier gibt es einiges zu beachten. Im Folgenden erfahren Sie vieles Wissenswertes und vielleicht sogar schon Bekanntes über das Essen der Italiener.

SUPERMÄRKTE

Da Lebensmittelketten meist auch länderübergreifend vertreten sein könnten, finden sich in den Supermärkten eine ähnliche, bekannte Struktur wieder. Allerdings ist zu beachten, dass die angebotenen Waren sich durchaus unterscheiden können, da das Sortiment logischerweise auf die Nachfrage der Einwohner zugeschnitten ist.

So spiegelt ein gewöhnlicher Supermarkt das Kaufverhalten und somit auch die kulinarischen Angewohnheiten der Bevölkerung wider. Typischerweise ist die italienische Küche bekannt für fade Grundnahrungsmittel wie Nudeln, Brot, Gnocchi etc... und kräftig gewürzten Beilagen, zum Beispiel Wurst, Schinken oder Käse.

In den Supermärkten finden sich in alle Zutaten, um ein köstliches, original italienisches Mahl zu bereiten. Denn die Restaurants verwenden dieselben Zutaten und so kann man sich das Geld sparen, indem man nicht jeden Tag auswärts isst. Allerdings bietet sich diese Möglichkeit nur für Urlauber, deren Unterkunft mit einer Küche bestückt ist. Dennoch gibt es ein breites Spektrum an

Einkaufsmöglichkeiten. Hier eine Übersicht über die wichtigsten Lebensmittelläden:

Supermacato:

- _Carreford:_ Dem einen oder anderen vielleicht aus dem Frankreich Urlaub bekannt, da diese Kette einen französischen Ursprung hat. Sehr groß, zum Teil auch bekannte Markenprodukte. Manche Filialen haben zu dem eine Gourmet-Abteilung zu bieten.
- _Esselunga_: Zugehörig zur Berlusconi Gruppe, zumeist groß mit guter, vielfältiger Auswahl auch an Bioprodukten und gut ausgebauter Frischetheke.
- _Iper:_ sehr groß und etwas teurer, dafür eine Gourmet- und Bioabteilung. Zudem hat dieser Markt eine ausgesprochen gute Auswahl an Weinen.
- _Coop:_ Vergleichbar mit Esseluga, nur preislich etwas kostspieliger.
- _Conad:_ Kleiner als die anderen Märkte, weniger Auswahl, dafür etwas preiswerter.
- _Panorama:_ Etwa gleichauf mit Coop und Esselunga
- _Eataly:_ Gourmet-Kette mit guter Auswahl, ein echter Geheimtipp um Italien von seiner besten Seite kennenzulernen! Etwas teurer, doch das Preis-Leistungs-Verhältnis ist hier optimal!

Macelleria: Bedeutet Metzgerei. Zu beachten ist, dass Italiener, abgesehen von der Salami, vorzugsweise Schinken oder Rauchfleisch konsumieren und eher selten Wurst, wie es in Deutschland eher üblich ist.

Frutta & Verdura: Bietet frisches Obst und Gemüse an.

Panetteria: Bedeutet Bäckerei und bietet allerlei frische Backwaren an. Allerdings sollte man im Hinterkopf behalten, dass das Brot in Italien vorwiegend aus Weißmehl gebacken wird und nicht so viel Eigengeschmack besitzt, da kaum mit Sauerteig gebacken wird.

Alimentari: Sehr kleine Tante-Emma-Läden mit wenig Auswahl, dafür aber persönlich.

RESTAURANTS

Wenn man, ohne sich zu informieren, in die italienische Restaurantkultur stolpert, dann ist man spätestens dann verwirrt, wenn neben Pizzeria und Ristorante noch Begriffe wie Osteria und Trattoria auftauchen. Hier einige Erklärungen, um Licht ins Dunkel zu bringen:

Ristorante: Wohl das teuerste Lokal mit den vielfältigsten Speisen. Hier kann man von der Vorspeise „primo" zur Hauptspeise „secondo" und bis zum Nachtisch, Kaffee und Digestif sein 4-Gänge-Menü zusammenstellen. ***Übrigens:*** In Italien ist es unüblich, Trinkgeld zu geben, da ein fester Betrag unter Servicegebühren „coperto" bereits in der Rechnung vermerkt wird. Eine weitere Besonderheit ist, dass man ebenfalls dafür bezahlt, dass ein Teller und Besteck bereitsteht. Das gilt ebenso für die folgenden Wirtshäuser.

Pizzeria: Ein Lokal, in dem hauptsächlich Pizzen verkauft werden. Dafür hat man eine riesige Auswahl an verschiedenen Sorten, die teilweise auch echt exotisch sein können und einem so noch nicht begegnet sind, wie beispielsweise die Pommes-Pizza, die mich in Erstaunen versetzt hat.

Trattoria: Ein Wirtshaus mit vorwiegend rustikalen und regionalen Speisen. Eine Mahlzeit besteht ebenso wie im Ristorante aus mehreren Gängen. Allerdings sind die Preise erschwinglich und das Ambiente ist etwas gesetzter.

Osteria: galt ursprünglich als Schenke, in der man zusammenkam, gemeinsam trank, aber für sein Essen selbst sorgen musste. Heute werden einfache, kostengünstige Speisen gereicht.

Pizza al taglio: Schnellimbiss, bei dem man Pizzastücke kaufen kann.

Rosticceria: Imbissbude, bei der man warme und kalte Speisen erwerben kann, sowohl zum mitnehmen als auch zum vor Ort essen.

Pasticceria: Ist vergleichbar mit einer Konditorei, in der man Kaffee und Kuchen genießen kann.

Piadineria: Spezialisiert auf italienisches Fladenbrot, das auf viele verschiedene Arten zubereitet und zusammengeklappt gegessen wird.

Spaghetteria: Ein Lokal, in dem hauptsächlich Pasta in allen möglichen Varianten verkauft wird.

Bar: Ein Stehlokal, das ein Hotspot des öffentlichen Lebens ist. Hier wird Fußball geguckt, man tauscht sich aus und kann hier Kaffee und Alkoholisches trinken sowie eine Kleinigkeit essen.

Cafè: entspricht der Bar, nur werden weniger alkoholische Getränke serviert.

Bierra: Ein Bierlokal, wo zu den Getränken noch einfache Speisen wie Pizza serviert wird.

Vineria: Ein Weinlokal, in dem vor allem alle erdenklichen Sorten an Wein angeboten werden sowie Kleinigkeiten zum Essen.

Gelateria: Last but not least die Eisdiele! Ein Eis in Rom gerade zu den warmen Jahreszeiten ist ein absolutes Muss! Wo die italienische Kette Titiano in Deutschland eine Monopolstellung innehat, ist diese zwischen den Eisdielen in Rom keine Konkurrenz. Bemerkenswert ist die riesige Auswahl an Eissorten. In Italien wird mit den Eissorten um einiges experimenteller umgegangen. So gibt es äußerst interessante Sorten wie Kürbis, Tomate, Gurke etc.

Zudem bietet jede Gelateria zu dem typischen Milchspeiseeis noch Slush-Eis an, das „Granita" genannt wird. Übrigens befindet sich in Rom eine der Besten Gelaterias ganz Italiens. Diese heißt Giolitti und befindet sich in der Nähe des Pantheons. Lassen Sie sich nicht von der langen Schlange abschrecken, denn meistens gilt: Die Eisdiele mit der längsten Schlange hat meist das beste Eis! Eis ist in Rom mit 2 € pro Kugel relativ teuer, lohnt sich aber allemal, da fast jeder Eisverkäufer ausschließlich hausgemachtes Eis verkauft.

Tipp für den nächsten Restaurantbesuch: Die Rechnung „scontrino" sollte man immer mitnehmen, denn es könnte sein, dass die Steuerpolizei am Ausgang danach fragt, um die enthaltene Mehrwertsteuer zu prüfen. Ohne die „scontrino" können

Bußgelder für Sie und den Besitzer des Restaurants drohen.

SPEZIALITÄTEN

Ich möchte Ihnen eine kleine Auswahl meiner persönlichen Favoriten vorstellen, die Sie sich für Ihren Aufenthalt merken können.

1. **Pasta alla Carbonara:** Wer kennt das berühmte Nudelgericht nicht? Aber zwischen den verschiedenen Interpretationen internationaler Köche sticht das „Da Danilo" positiv heraus mit einem unglaublichen Geschmack.

2. **Cacio & Pepe:** Ein einfaches, aber äußerst schmackhaftes Gericht, das ich erst bei meinem Aufenthalt in Rom kennen und lieben gelernt habe. Diese Speise geht bis auf die alten Römer zurück und besteht aus Spaghetti, Pfeffer und Pecorino Romanokäse. Wenn Ihr Interesse geweckt ist, besuchen Sie das gleichnamige Restaurant Cacio & Pepe, das sich vor allem auch bei Einheimischen an großer Beliebtheit freut.

3. **Bruschetta:** Eine einfache Vorspeise, die man nahezu in fast jedem Restaurant bekommt. Geröstetes Brot, bestrichen mit Öl und belegt mit frischen Tomaten. **Übrigens:** Mit Knoblauch bestrichen wird der Geschmack noch aufgebessert.

4. **Tomaten mit Karamellglasur:** Was ungewöhnlich und merkwürdig klingt, ist eine echte Gaumenfreude. Zufällig fand ich diese exotische Mischung auf der Speisekarte und wurde nicht enttäuscht. Zu finden ist diese Rarität in einem der bekanntesten Restaurants Rom: Agata e Romeo. Wenn Sie also gerne Neues ausprobieren ist das Agata e Romeo in jedem Fall einen Besuch wert!

5. **Carciofo Alla Romana:** Dieses Gericht ist typisch für Rom und wird in gehoben Restaurants angeboten. Hauptbestandteil sind Artischocken, die in einer Marinade aus Olivenöl, Wasser und Weißwein gekocht werden, obwohl der Geschmack etwas gewöhnungsbedürftig sein kann, ist diese Speise sehr zu empfehlen. Eine Empfehlung wäre an dieser Stelle das jüdisch-römische Restaurant Nonna Betta,

dort wird außerdem nach traditionellem jüdischem Rezept Artischocken angeboten.

Das alltägliche Leben

Der Alltag, egal ob als Tourist oder als Einheimischer ist ein wichtiger Bestandteil. Aufgrund dessen möchte ich Ihnen im Folgenden einen Eindruck von eben diesem geben. Erfahren Sie Wissenswertes über die Eigenarten und Einstellung der Bewohner Roms, lernen Sie, wie man mit dem Bus und Bahnnetz zurechtkommt und lassen Sie sich vor möglichen Stolperfallen und Gefahren warnen.

DIE MENTALITÄT DER EINHEIMISCHEN

Meiner Meinung nach ist die Kultur eines Landes oder einer Stadt ein Hauptgrund für eine Besichtigung. Das gilt sowohl für die alten Römer als auch für die gegenwärtigen Bewohner. Um Letztere soll es im Folgenden gehen, um Ihnen einen Eindruck zu vermitteln.

Italiener sind im Allgemeinen sehr behaftet mit Stereotypen. Und um eines von vornherein klarzustellen: Nicht wenige dieser Klischees sind vollkommen an den Haaren herbeigezogen. Das Erste, was Ihnen auffallen wird, wenn Sie in Italien Kontakt zu dessen Bewohnern haben, ist die Art der Kommunikation, die der Deutschen unähnlicher nicht sein kann. Italiener sind im Allgemeinen eher lebhafter und lauter. Wo es einem Deutschen eher peinlich ist, in der überfüllten Straßenbahn ein Telefonat zu führen, denkt der Italiener gar nicht daran seine Stimme zu dämpfen und die ganze Bahn kann das Gespräch hören. Doch niemand der anderen Fahrgäste scheint sich daran zu stören.

Ein weiteres, zutreffendes Vorurteil betrifft die Gestikulation. Italiener gestikulieren viel und vor allem vielfältig, sodass man glauben könnte, dass die italienische Sprache auch aus Zeichensprache besteht. Im Nachhinein habe ich erfahren, dass die Gesten keinen willkürlichen Ursprung haben, sondern einer korrekten Ausführung bedürfen und zum Teil ganze Sätze ersetzen. Wenn man sich also nicht gründlich damit auseinandersetzt, bleibt die Bedeutung für Ausländer verschleiert.

Um bei dem berühmten italienischen Temperament zu bleiben, ist zu erwähnen, dass insbesondere italienische Frauen einen starken Charakter haben und die Männer durchaus unter den Scheffel stellen können. Eine italienische Mamma ist dafür bekannt, ihren Sohn sehr zu bemuttern und ein Mann, der im Alter von 30 Jahren noch im Hotel Mama wohnt, ist nichts Ungewöhnliches. Meist entkommen diese ihrer Fittiche durch eine ebenso starke Freundin oder Ehefrau.

Der Kaffeekonsum der Italiener ist bemerkenswert, bei dem die goldene Regel gilt: Cappuccino am Morgen und danach bis spät in die Nacht Espresso. In Cafès und Bars, in denen Kaffee ausgeschenkt wird, trifft man sich gern. So hat der Kaffee auch einen gewissen sozialen Aspekt.

MOBIL MIT BUS UND BAHN

Die öffentlichen Verkehrsmittel in Rom bestehen aus Linienbussen, der Metro und der Tram. Eine Einzelfahrt (BIT) kostet 1,50 € und gilt für 100 Minuten.

Achtung: Das Ticket gilt nur für eine Fahrt! Das bedeutet, Sie können nicht aus der Metro aussteigen, einkaufen und dann wieder zurückfahren, auch wenn das Ganze den zeitlichen Rahmen von 100 Minuten nicht übersteigt.

Wenn Sie allerdings schon von vornherein wissen, dass Sie während Ihres Urlaubs auf den öffentlichen Transport angewiesen sind, ist es empfehlenswert, sich eine Karte zu kaufen, die 48 oder 72 Stunden gültig ist. Kaufen Sie sich einfach an einem Automaten in der Metro oder online unter Rent-a-Guide ein Ticket für „Roma 24/48/72 ore". Auch die Wochenkarte CIS lohnt sich noch für 24 € pro Person. Wenn Sie zu weit von einem Automaten entfernt sind, dann besteht die Möglichkeit Tickets in sogenannten Tabacci Geschäften zu erwerben. Diese erkennen Sie an dem großen T. Auch wenn Ihnen das komisch vorkommen mag, ist es in Italien eine lange Tradition, dass die Tabakgeschäfte auch Fahrkarten verkaufen. Ansonsten können Sie Tickets in den

Verkaufsstellen des ATAC kaufen. Dieses ist das Unternehmen, welches die öffentlichen Verkehrsmittel steuert. Dessen Servicecenter befinden sich in diversen Metrostationen.

Achtung: Die Tickets gelten nicht für den Flughafentransfer nach Rom-Fuimicino oder Rom-Champion.

Die Metro fährt zwischen 5:30 und 23:30 und nur am Freitag und Samstag sogar bis 00:30. Nachtbusse finden Ihren Einsatz ab 00:30 bis ca. 5:00 und kommen ca. alle halbe Stunde. Gekennzeichnet sind diese durch ein „N" und eine Eule. Aber seien Sie vorgewarnt: Da die Busse in der Nacht nicht annähernd so häufig fahren, wie am Tag, sind diese meist rappelvoll. Und wenn ich rappelvoll sage, dann meine ich es auch so - ungewollter Körperkontakt inklusive. Viele Touristen und auch Einheimische genießen das Nachtleben oder führen einen Schichtwechsel durch.

Der öffentliche Nahverkehr in Rom ist ein Abenteuer für sich, denn vor allem die Busfahrer sind es gewohnt sehr riskant zu fahren. Und obwohl für Handy am Steuer eine Strafe von über 100 € droht, ist es keine Seltenheit, LKW-Fahrer, PKW Fahrer und auch Busfahrer dabei zu erwischen, wie sie während der Fahrt ungeniert auf ihr Handy gucken und Nachrichten schreiben.

Besonders als Fußgänger lebt man während dem regen Tumult auf den Straßen gefährlich, denn in Rom wird auf Zebrastreifen viel weniger geachtet als in Deutschland. Am besten kommt man über die Straße, in dem man einfach wie selbstverständlich über die Straße läuft. ***Mein Tipp:*** Orientieren Sie sich an den Einheimischen und laufen Sie diesen im besten Fall einfach hinterher, denn so sind Sie auf der sicheren Seite.

Da Roms Straßen die meiste Zeit überfüllt sind, weichen viele auf einen Motorroller aus, die viele mit der berühmten Marke Vespa verbinden. Die Hauptstadt mit dem Fahrrad zu erkunden, ist ein nahezu unmögliches Unterfangen. Obwohl Roms früherer Bürgermeister Ignazio Marino eine Rad-Revolution startete, halten viele Römer an ihren Autos und Vespas fest, denn auch für kurze Wege wird das Auto benutzt. Doch Radfahren bleibt, vor allen Dingen für Touristen ein gefährliches Unternehmen.

GEFAHREN

Kriminalität ist in Rom ebenso präsent, wie in anderen Großstädten und damit aus dem Traumurlaub kein Albtraum wird, erfahren Sie im Folgenden, auf was man in Rom auf der Hut sein sollte.

Bei Nacht: Rom ist bei Nacht eher weniger gefährlich, wenn sie den Hauptstraßen folgen, sich nicht von Bettlern oder Schwarzhändlern aufhalten lassen und nicht auffällig mit viel Geld bezahlen.

Gefährliche Viertel: In jeder Stadt gibt es Gegenden, die man nachts eher meiden sollte und in Rom sind es vor allem diese:

Bahnhof Termini: Das Bahnhofsviertel ist recht arm und nachts sind vor allem Drogenabhängige, Obdachlose und aufsässige Jugendliche unterwegs.

Park Villa Borghese: Dieser Park ist als Treffpunkt der Drogenszene bekannt.

Touristenfallen

1. **Das Armband:** Jemand spricht Sie an und will Ihnen ein Armband geben -„For free" natürlich. Dabei wird jedoch ein Knoten verwendet, der sich

schwer öffnen lässt und dann soll man plötzlich doch dafür bezahlen. Diese Betrüger sind sehr hartnäckig und verfolgen Sie, bis Sie Ihnen Geld dafür geben.

2. **Kaffee**: Beachten Sie, wenn Sie in ein Café gehen, das die ausgeschriebenen 1 € für eine Tasse Kaffee Tresen Preise sein können! Wenn man sich setzen möchte, können sich die Preise vervierfachen.

3. **Kutschen**: In Rom bieten viele eine romantische Kutschfahrt durch Rom an, das zugegeben sehr einladend wirkt. Aber die Preise sind es nicht. Eine kleine Rundfahrt kostet in jedem Falle über 100 Euro und so romantisch ist es auch wieder nicht, weil man selbst unfreiwillig zur Attraktion und von vielen Augen beobachtet wird.

4. **Der „Mitarbeiter" einer Luxusmarke**: Hierbei handelt es sich um eine weitaus perfidere und ausgeklügelte Methode. Ein gut gekleideter Mann am Steuer eines Autos fragt Sie mit sehr gutem Englisch nach dem Weg und erwähnt beiläufig, er sei Vertreter einer bekannten italienischen Marke. Um sich erkenntlich zu zeigen, will er Ihnen Kleidung oder

Taschen dieser Marke schenken, doch bittet Sie im weiteren Verlauf höflich um Geld zum Tanken. Er überreicht eine gefälschte Visitenkarte und ist mit Ihrem Geld über alle Berge. Und die Klamotten sind natürlich auch nicht echt.

5. **Die Rose**: Ein Trick, der auch außerhalb von Rom vorzugsweise an Pärchen angewendet wird. Ein Mann kommt auf das Paar zu und macht der Frau Komplimente, die zumeist übertrieben und sehr kitschig sind. Dann gibt er ihr eine Rose, weil er sie ja angeblich so anziehend fand. Wenn sie dankend die Rose annimmt, dauert es nicht lange und der Mann fragt nach 2-3 € für die Rose, der Mann sieht sich nun in einer Zwickmühle, in der er ihr entweder die Rose abnimmt und dadurch herzlos wirkt, oder er gibt dem Mann das geforderte Geld.

6. **Das 2-Euro-Stück**: Ein alter Trick, der zu den Zeiten der Euro-Umstellung Anwendung fand. Die 500 Lire Münze hatte dieselbe Größe wie die 2 Euro münze und besaß zudem dieselbe Färbung. Allerdings hat die 500 Lire Münze nur einen Wert von 0,51 €. Es wurde also versucht jemandem, der die

Münze nicht genau inspizierte unterzujubeln und so Gewinn zu machen. Häufig kommt es vor, das Betrogene die gleiche Masche verwendeten, um das Geldstück wieder loszuwerden.

Taschendiebe: Gerade in großen Menschenmassen kann man leicht Opfer eines Diebstahls werden. Sein Sie deshalb in Gedränge besonders achtsam. Hotspots für Taschendiebe sind Sehenswürdigkeiten, wie beispielsweise das Kolosseum oder das Pantheon sowie die öffentlichen Verkehrsmittel.

Mein Tipp: Setzen Sie sich ihren Rucksack falsch herum auf, sodass sie ihn immer im Blick haben. Das sieht vielleicht komisch aus, ist aber effektiv!

Die Polizei: Wenn Sie nun trotz aller Vorsicht Opfer eines Diebstahls geworden sind, sollten Sie Kontakt zu der örtlichen Polizei aufnehmen. Doch anders als in Deutschland gibt es nicht nur eine Organisation von Ordnungshütern, um eine zu große Machtkonzentration zu verhindern. Jedoch überschneiden sich die Zugehörigkeitsbereiche.

1. **Polizia di Stato**: Ist die Staatspolizei, die vom Innenministerium geleitet wird, diese hat allgemeine polizeiliche Aufgaben und ist in ständiger Bereitschaft.

2. **Carabinieri:** Diese Organisation untersteht dem Verteidigungsministerium, ist ansonsten der Polizia di Stato ähnlich.

3. **Guardia di Finanza:** Verwaltet von dem Ministerium für Wirtschaft und Finanzen, die für die Bereiche Zoll, Wirtschaftskriminalität und Steuern zuständig sind.

4. **Strade Sicure:** Manchmal üben Soldaten polizeiliche Tätigkeiten aus und operieren unter diesem Namen. Also erschrecken Sie sich nicht, wenn Ihnen Soldaten über den Weg laufen.

5. **Direzione Investigativa Antimafia:** In der Hoffnung, dass Sie die Hilfe der DIA angewiesen sind, die sich der Mafiabekämpfung zugewandt haben, sollten Sie wissen, dass diese ein Zusammenschluss aus den obengenannten ist.

6. **Vigili Urbani/Polizia Municipale**: Sind lokale Gemeindepolizeien, die für die Verkehrsordnung zuständig sind und dem Bürgermeister unterstehen.

Geschichte zum Anfassen

Wem ist die Geschichte des römischen Reiches nicht schon wenigstens einmal im Geschichtsunterricht oder in Dokumentationen begegnet? Julius Cäsar, Aurelius, alles bekannte Namen, die auch in Filmen und Büchern verewigt wurden. Doch die Vergangenheit erscheint so weit weg. Rom ist eine der geschichtsträchtigen Metropolen und da in den beiden großen Weltkriegen Italien nicht so sehr zerbombt wurde und dort noch viele alte Ruinen und Kirchen stehen, die bereits vor Jahrhunderten standen. Die Sehenswürdigkeiten Roms sind alle in unmittelbarer Nähe zueinander. Doch zum Laufen sind die Distanzen etwas zu weit.

Mein Tipp: Benutzen Sie einen Hop-On-Hop-Off-Bus. Dieser fährt alle Sehenswürdigkeiten an und Sie können an jeder Haltestelle aussteigen, um die Attraktion zu besichtigen. Danach steigen Sie einfach wieder in den nächsten Bus. Die besten Plätze sind übrigens im Sommer in der zweiten Etage, wenn der Bus das Verdeck auflässt. Eine 24 Stunden Karte kostet ca. 25 €, je nach Unternehmen. Meine Empfehlung wäre der Anbieter CitySightseeing Roma. Diese bieten einen äußerst interessanten Audioguide an, den man auch Englisch, Italienisch, Deutsch und in vielen anderen Sprachen verfügbar ist. Dieser ist äußerst informativ und gespickt mit Insiderinformationen.

RUINEN

Jeder kennt die sagenumwobene Gründungsge-schichte von Rom, die von den Brüdern Romulus und Remus handelt, doch wie ist Rom tatsächlich entstanden? Begleiten Sie mich auf eine Reise zu den Anfängen des römischen Reiches. Rom wurde um ca. 475 v. Chr. ursprünglich aus sieben Siedlungen zu-sammengefasst. Die Namen der „Sieben Hügel" sind Palatin, Aventin, Kapitol, Quirinal, Viminal, Esquilin und Caelius. Rom wuchs jedoch immer weiter, bis die berühmte **Servianische Mauer** zum Schutz vor Feinden errichtet wurde. Diese Mauer ist noch heute gut erhalten und man kann ihre Überreste um Roms Stadtkern beobachten.

Mein Tipp: Wenn Sie einen romantischen Spa-ziergang an den Ruinen machen wollen, ist die Ser-vianische Mauer eine gute Wahl, weil diese zum ei-nen sich über eine große Fläche erstreckt und zum anderen ist diese ein nicht ansatzweise so überlau-fenes Touristenziel!

Das Forum Romanum wurde bereits von den Etruskern zu Beginn des 6. Jahrhunderts vor Chris-tus als Marktplatz genutzt. Von den Römern ausge-baut, erlangte das Forum immer mehr an Bedeutung für das alltägliche Leben der Bewohner. Der riesige Platz wurde unter anderem als religiöser, wirtschaftlicher, politischer und kultureller Mittelpunkt genutzt. Kurzum war das Forum Romanum das Zentrum des römischen Lebens. Der Eintritt kostet hier 12 € pro Person, lohnt sich aber in jedem Fall!

Der Circus Maximus wurde ebenfalls im 6. Jahrhundert vor Christus bereits von den Etruskern für Wettkämpfe genutzt und von den Römern im Jahr 46 vor Christus ausgebaut und immer weiter verbessert. Hauptsächlich wurde der Circus Maximus als Veranstaltungsort für Wagenrennen genutzt, aber auch Gladiatorenkämpfe und Tierhetzen verwendet. Der Besuch des Circus Maximus ist kostenlos und zu jeder Zeit möglich. Des Weiteren wird die Ruine auch gern für Konzerte und andere Veranstaltung genutzt.

Das Kolosseum wurde um 80 nach Christus errichtet und gilt als das größte Amphitheater aus dem antiken Rom. Bekannt für seine blutigen Arenen-Kämpfe ist es heute das Wahrzeichen von Rom. Die Kosten für den Eintritt liegen hier ebenfalls bei 12 € pro Person. Allerdings sollte man viel Geduld mitbringen oder sich ein teureres Ticket kaufen, mit dem man die Warteschlangen überspringen kann.

Die Caracalla-, Diokletians- und Trajansthermen sind Ruinen römischer Badeanlagen. Die antiken Römer waren sehr bekannt für ihre Badehäuser und aufgrund dessen wurden diese auch sehr großzügig ausgebaut. Der Eintrittspreis liegt bei ca. 8 €.

Das Trajansforum ist das am besten erhaltene Kaiserforums, welches 107 nach Christus erbaut wurde. Hier hatten viele verschiedene Institutionen ihren Sitz und in einem Halbkreis wurde der Trajansmarkt angeordnet. Des Weiteren befindet sich heute ein Museum in den Kaiserforen. Ein Ticket kostet hier 20 € pro Person.

Da Rom jedoch noch größer wurde, wurde bald auch über die Mauer hinaus gebaut und die Gebiete Gianicolo, Vaticano und Pincio wurden Teil der Hauptstadt. So wurde im 3. Jahrhundert eine weitere Mauer um Rom gezogen, die den Namen **Aurelianische Mauer** trug.

Die Katakomben von Rom: Mehr als 60 Katakomben liegen unter der Hauptstadt. Deren Anlegung geht auf das 2. Jahrhundert zurück, als die Christen den jüdischen Brauch übernahmen, ihre

Toten in einer Krypta zu begraben. Da der römische Kaiser Valerian 257 nach Christus den Christen verbat, oberirdische Gräber anzulegen, wurden die Toten nur noch unter Tage beerdigt. Der Gang durch die Katakomben ist sehr atemberaubend, allerdings sollten Sie bedenken, dass die vielen Gebeine und enge, dunkle Gänge Unwohlsein hervorrufen kann. Vier Katakomben sind für Touristen zugänglich: die Priscilla-Katakomben, die Domitilla-Katakomben, die Sebastian-Katakomben und die San Callisto-Katakomben.

Der Eintritt für die vier zugänglichen Katakomben kostet 8 €. Allerdings gibt es kein Ticket für alle vier zusammen.

KIRCHEN

Da viele antike Kirchen noch heute genutzt werden, muss man bei deren Besichtigung keinen Eintritt zahlen, da Gotteshäuser für jedermann offenstehen sollen. Jedoch sollte eine gewisse Etikette und Kleiderordnung gewahrt werden. Versuchen Sie vor dem Eintritt Ihre Schultern bis zu den Ellenbogen, Ihr Dekolleté und Ihre Beine bis zu den Knien zu bedecken. Schilder mit entsprechenden Aufforderungen finden Sie an jeder Tür.

Mein Tipp: Nehmen Sie bei hohen Temperaturen einen leichten Schal mit.

Außerdem gilt es als höflich, eine kleine Spende von 50 Cent bis 1 € in die Spendenbox zu werfen. Sie sind nicht verpflichtet, dies zu tun, aber es kommt der Restauration der betreffenden Kirche zugute.

Mein Tipp: Wer hauptsächlich aufgrund der Gotteshäuser nach Rom gekommen ist, für den wäre eine Tour mit dem speziellen Hop-On Hop-Off Bus Roma Cristiana eine Überlegung wert, der ausschließlich Kirchen anfährt. Dieser wurde vom römischen Pilgerwerk ins Leben gerufen und richtet sich vor allem an Gläubige und Pilger. Allerdings erhält man die Tickets nur in Verbindung mit der Omnia Card, die 112 € pro Person kostet, allerdings beinhaltet diese auch Zutritt zu anderen Sehenswürdigkeiten und Ermäßigungen. Im Folgenden stelle ich ihnen einige der schönsten Kirchen vor, die sehr prunkvoll geschmückt sind, wie es bei der Katholischen Kirche üblich ist:

Pantheon: Die begehrte Touristenattraktion heißt eigentlich Santa Maria ad Martyres und gehört dem italienischen Staat. Hier befinden sich die Grabstätten berühmter Künstler und Könige. Übrigens: Das Pantheon diente als Vorbild für viele andere bekannte Bauten, wie beispielsweise des Berliner Doms oder auch des Petersdoms in der Vatikanstadt.

Sant'Ignazio di Loyola: Dass wohl bemerkenswerteste an dieser Kirche ist die optische Illusion, die den Eindruck einer Kuppel erweckt, obwohl die Decke flach ist. Diese Fresken wurden von Andrea Pozzo geschaffen. Diese Besonderheit hat eine lustige Geschichte: Die Leute, die neben der Kirche wohnten, wollten keine Kuppeln, da diese einen Schatten auf ihre Häuser werfen könnte.

Basilika San Pietro in Vincoli: Diese Basilika wurde als Schrein errichtet, der an die Ketten von Petrus erinnern soll. Diese Kirche wurde in ihrer Innen- und Außenausstattung vor allem von dem berühmten Michelangelo geschaffen. Eines seiner bekanntesten Werke, das Grabmal des Papst Julius des Zweiten, ist ebenfalls dort zu finden.

Geheimtipp - Basilika St. Paul: Da sich diese Kirche außerhalb der Innenstadt befindet, ist die Basilika weniger stark besucht, als die anderen aufgelisteten Kirchen. Sie befindet sich vor den Mauern.

Gewidmet ist die Basilika dem Apostel Paulus und steht auf dessen vermuteten Grab. Ausgestattet mit viel Marmor und Alabaster ist die Basilika in jedem Fall einen Besuch wert.

Santa Maria dell'Anima: Da diese Kirche die deutsche Pfarrkirche in Rom ist, ist der Vorstand traditionell ein Österreicher. Ganz im Stile der Renaissance punkten diese und die benachbarte Kirche Santa Maria della Pace mit hohen Säulen und dem beeindruckenden Gemälde Raffaels. Dort befindet sich auch eine Cafeteria, die Ihnen einen tollen Blick auf Raffaels Sibyllen ermöglicht.

Santa Maria Sopra Minerva: Als eine der letzten Kirchen aus der Zeit der Gotik, zeugt dieses Bauwerk von der einstigen Polytheistischen Religion der alten Römer. Die Decke ist in einem kräftigen Blauton und geprägt von Michelangelo. Ein echter Blickfang ist zudem die Elefantenstatue vor der Kirche, die von Bernini geschaffen wurde.

Geheimtipp - Chiesa el Gesu: Diese Kirche ist ebenfalls nicht sehr stark besucht, aber trotz dessen nicht weniger ansehnlich! Außerdem ist dies die Hauptkirche der Jesuiten, dessen Architektur als

Vorbild vieler weiterer Kirchen diente. Viele schöne Kunstwerke sind hier ebenfalls zu finden.

MUSEEN

Wie es nicht anders zu erwarten war, gibt es in Rom eine Vielzahl an Museen, die die verschiedensten Kunstschätze beherbergen. Planen Sie jedoch nicht ein, dass Sie Zeit für alle diese Museen haben werden, denn pro Museum sollten Sie schon einen Tag einplanen, um diesem die notwendige Aufmerksamkeit zu schenken. Suchen Sie sich deswegen nur die raus, die Sie interessieren und lassen Sie die Gesamtheit in Ruhe auf sich wirken.

Mein Tipp: Reservieren Sie die Tickets im Voraus online, dann sparen Sie sich die Wartezeiten, die zum Teil bis zu zwei Stunden lang sein können.

Galleria Borghese: Mitten in der wunderschönen Parkanlage Villa Borghese gelegen, befindet sich die Kunstgalerie. Aufgebaut und bestückt von dem Kardinal Scipione Borghese ist diese eine der wertvollsten privaten Kunstsammlungen. *Übrigens:* Nachdem Camillo Borghese die Schwester Napoleons geheiratet hatte, zwang der französische

Herrscher Borghese ihn dazu, eine große Sammlung an Kunstschätzen zu verkaufen. Heutzutage befinden diese sich im Louvre.

Werke berühmter Künstler, wie Rubens, Raffael und da Vinci sind hier ausgestellt. *Achtung:* Tickets sind nur im Vorverkauf z. B. im Internet zu einem Preis von 20 € pro Person erwerblich, denn ohne Reservierung ist ein spontaner Besuch nicht möglich!

Museo Nazionale Romano: Dieses Museum besteht eigentlich aus mehreren Museen, die an verschiedenen Orten angesiedelt sind:

1. <u>Palazzo Massimo alle Terme:</u> Dieses Museum befindet sich in der Nähe des Bahnhofs Termini und dort sind Skulpturen und Artefakte aus dem römischen Reich und dem Mittelalter sowie eine Juwelensammlung ausgestellt.

2. <u>Crypta Balbi:</u> Dies ist eine archäologische Sammlung, die zu den bedeutendsten der Welt gehört. Hier werden die Stadtentwicklung und das Leben im römischen Reich rekonstruiert.

3. <u>Palazzo Altemps:</u> Diese Galerie beherbergt vor allem klassische Kunst sowie Architektur der Renaissance.

4. <u>Diokletiansthermen:</u> In dem alten Badekomplex befinden sich alte Kunstwerke sowie Grabmäler und Innenschriften. Hier befindet sich auch das Planetarium Aula Ottagona.

Alle Museen können mit einem Ticket für 16 € pro Person besucht werden und das Ticket ist für drei Tage gültig. ***Achtung:*** Ein Audioguide muss bei jedem der Museen neu erworben werden.

Kapitolinische Museen: Als Museumskomplex besteht dieses aus insgesamt drei Gebäuden. Zu bestaunen gibt es hier eine großartige Skulpturensammlung, die unter anderem Highlights, wie die Kapitolinische Wölfling und den riesigen Konstantins-Kopf, zu bieten hat. Des Weiteren können Sie hier noch Gemälde von beispielsweise Rubens betrachten. Tickets kosten hier ca. 20 € pro Person.

Museo di Roma: Dieses Museum befindet sich in dem Palast Palazzo Braschi. Erst 1952 wurde die Nutzung des Gebäudes geändert und seitdem ist dort das Heimatmuseum untergebracht. Das Besondere an diesem Museum ist, dass es häufig Sonderausstellungen gibt, deren Besuch einen Aufpreis kostet. Dieses Museum lohnt sich vor allem, wenn man etwas über die Stadt Rom erfahren will und nicht Italiens Schätze im Allgemeinen besichtigen möchte. Der Eintritt kostet ca. 10 € pro Person.

Galleria D'Arte Moderna Di Roma Capitale: Wenn Sie an moderner Kunst interessiert sind, sollten Sie einen Besuch in dieses Museum unternehmen. Die Galerie zeigt vor allem Kunstwerke von lokalen Künstlern, die mehr oder weniger berühmt sind. Die Kosten für die Tickets liegen bei 7,50 € pro Person.

Die Vatikanstadt

Auch wenn die Vatikanstadt ein souveräner Zwergstaat ist und weder zu Rom noch zu Italien gehört, wird diese häufig mit der Hauptstadt in Verbindung gebracht. Die Amtssprache ist Latein, obwohl die offiziellen Sprachen der Schweizergarde Deutsch und Italienisch sind. Oberhaupt dieses Staates ist der Papst, der von Kardinälen gewählt wird, womit es sich um eine Wahlmonarchie handelt. An einigen Stellen ist der Staat, der vollkommen von römischen Stadtteilen umgeben ist, von der Leonischen Mauer abgegrenzt.

RELIGIÖSER URSPRUNG

Der Vatikan war erst ab dem 14. Jahrhundert der offizielle Amtssitz des Papstes. Ursprünglich war dort, wo sich heute die Vatikanstadt befindet, ein Zirkus, in dem der berüchtigte Kaiser Nero Hinrichtungen und Grausamkeiten an vielen Christen und Juden verübt haben soll. Unweit dieses Zirkus war ein Friedhof gelegen, auf dem angeblich auch der Apostel Petrus begraben wurde. Später wurde dort ein Denkmal errichtet und im 4. Jahrhundert ließ der Kaiser Konstantin dort eine Grabeskirche erbauen. Das war der Petersdom, der dort noch heute steht und der zentralste Ort der Petrusverehrung und des Papsttums werden sollte.

Erst um 600 nach Christus setzte sich der Bischof von Rom bei Gregor dem Großen durch und wurde der erste, der als Papst bezeichnet wurde. Ende des 14. Jahrhunderts wurde der Vatikan zum Regierungssitz des Papstes und so zum Zentrum der katholischen Kirche.

Die Vatikanische Staatsbürgerschaft erhalten nur jene, die für den Vatikan und den Papst arbeiten: die Priester, die Schweizergarde, die Gendarmerie, Köche, Reinigungskräfte, die Presse und das päpstliche Lehrpersonal. Wenn jemand seine Anstellung verliert, verliert dieser auch die vatikanische Staatsbürgerschaft und erhält bei folgender Staatenlosigkeit die italienische Staatsbürgerschaft automatisch. In Rom sind noch einige Kirchen verstreut, die als Botschaft für den Papst fungieren, die er regelmäßig besucht.

Übrigens: Die Staatsgrenze verläuft mitten durch die Vatikanischen Audienzhalle. Das bedeutet, der größte Teil der Halle gehört zu Italien. Der päpstliche Stuhl befindet sich auf der Seite des Vatikans, während die Besucher auf der italienischen Seite stehen.

Audienz beim Papst: Die Audienzen finden fast jeden Mittwoch statt. Um an einer päpstlichen Audienz teilzunehmen, müssen Sie sich ein Ticket beim deutschen Pilgerzentrum, das sich in Rom befindet oder bei der apostolischen Präfektur erwerben. Allerdings kosten diese Tickets keinen Cent, da das Treffen des Papstes nicht kommerziell sein sollte. Bevor Sie auf den Petersplatz gelassen werden, müssen Sie durch eine Sicherheitskontrolle. Man kann sich auch eine Führung buchen, im Zuge derer Sie von den Guides durch die Kontrollen und an die besten Plätze gelotst werden. Diese Führung kostet 40 € pro Person.

SEHENSWÜRDIGKEITEN

Obwohl der Staat der kleinste Staat der Welt ist, hat der Vatikan einiges zu bieten. Da ein Eintreten in die Vatikanstadt ohne Barrieren möglich ist, können Sie unkompliziert einen Tag in der Vatikanstadt verbringen und sich die Sehenswürdigkeiten ansehen.

Die vatikanischen Museen: Für Kunstinteressierte ein absolutes Muss! Viele wertvolle Kunstschätze, die lange Zeit nur dem Papst allein vorbehalten waren, sind hier zu sehen. Ganze 11 verschiedene Museen und 5 Galerien sind in dem Ticketpreis von ca. 17 € pro Person enthalten. Ein absolutes Highlight ist natürlich die integrierte Sixtinische Kapelle, an dessen Decke man die „Göttliche Berührung" sehen kann. In dieser kommen die Bischöfe zusammen, um einen Papst zu wählen. Machen Sie sich am besten selbst ein Bild von den unglaublich Kunstschätzen und archäologischen Funden.

Mein Tipp: Nehmen Sie sich viel Zeit für diesen Besuch, denn sogar die Architektur ist bemerkenswert und wenn Sie alles sehen wollen, legen Sie eine Strecke von ca. 7 km zurück.

Achtung: Ohne Reservierung können Sie sich auf eine sehr lange Wartezeit gefasst machen und wenn sie dann nicht mindestens eine Stunde im Voraus da sind, könnte es sein, dass Sie trotz langer Wartezeit nicht eingelassen werden können.

Die vatikanischen Gärten: Die Gärten der Vatikanstadt machen mit 23 ha den Großteil der Fläche des Staates aus. Früher diente diese Fläche als Klostergärten, in denen Heilpflanzen und Nutzpflanzen gezüchtet wurden, um zu gewissen Teilen autark sein zu können. Heutzutage ist der Großteil der Vegetation aus ästhetischen Gründen angelegt worden. Sieben Brunnen und 17 Gebäude, wie unter anderem Kirchen, den Bahnhof, das Gericht oder die päpstliche Akademie sind in den Gärten verteilt.

Achtung: Ein Teil der Fläche kann nur im Zuge einer Führung besichtigt werden, die man im Vorhinein buchen muss. Diese kostet ca. 33 € pro Person, wobei in diesem Preis auch die 17 € für das Museum inbegriffen ist. Sie können die Gärten also nur zusammen mit den vatikanischen Museen besichtigen.

Übrigens: Seit 2013 lebt der ehemalige Papst Benedikt XVI. in den vatikanischen Gärten in dem Kloster Mater Ecclesiae.

Der Petersdom: Dieser Dom ist wie alle anderen Kirchen in Rom auch kostenlos zu besichtigen. Allerdings sind die Wartezeiten auch hier enorm. Mein Tipp: Sparen sie Zeit und Geduld und kaufen Sie sich ein Ticket ohne Anstehen, das 16,50 € pro Person kostet. Der Petersdom gilt als die größte Kirche der Welt und wird Sie in Staunen versetzen! Nicht nur die Architektur geht in die Superlative, sondern auch Kunstschätze von Michelangelo und die berühmte Bronzefigur des Apostel Petrus, dem dieses Bauwerk gewidmet ist, sprengen alle Vorstellungen. Diese Figur ist der Grund für viele Gläubige, nach Rom zu pilgern und die Füße der Figur zu küssen. Das Grab von Papst Johannes Paul II ist ebenfalls hier zu finden.

Die Kuppel des Petersdoms: Die Kuppel ist nicht nur atemberaubend, sondern man hat von oben einen fabelhaften Blick auf den Petersplatz und auf Rom an sich. Ein Anblick, der einem die Sprache verschlägt. Doch der Weg zum Ziel ist alles andere als einfach: 551 Stufen müssen erklommen werden, bis man die Kuppel erreicht. Es gibt auch einen Aufzug, aber auch mit Lift sind es noch 320 Stufen. Natürlich warten Sie hier auch eine gefühlte Ewigkeit. Aber lassen Sie sich davon nicht abschrecken: Der Lohn ist phänomenal! Wenn Sie nur Treppen steigen, kostet der Eintritt 8 € pro Person, mit Fahrstuhl 10 €.

Achtung: Auch, wenn es für die meisten Attraktionen ein „Skip the Line"- Ticket gibt, gilt dies seit 2018 nicht mehr für die Kuppel des Petersdoms

Der Petersplatz: Dieser riesige Platz ist vor dem gleichnamigen Dom gelegen und wurde von Bernini geschaffen. Jeden Mittwoch hält der Papst eine Audienz ab und so versammeln sich dort bis zu 20.000 Menschen, um den Segen des Papstes zu empfangen. Auch zu Weihnachten und Ostern spricht der Papst einen besonderen Segen aus, „Urbi et Orbi": Die Säulen um den Platz stellen ein Teil der Mauer zwischen dem Vatikan und Rom dar. Der sich im Zentrum befindende Obelisk kommt noch aus der Zeit Neros.

Übrigens: Auf diesem Platz befindet sich ein Gedenkstein, der an das Attentat an Johannes Paul II. erinnert, welches in den 80´ern verübt wurde.

Geheimtipps

Unter diesem Punkt werden Sie Orte und Tipps finden, die das Sahnehäubchen für Ihren Urlaub sein können und die ich selbst auf meiner Reise nach Rom entdeckt habe. Lassen Sie sich überraschen.

DER TIBER

Auch wenn man zunächst nicht denkt, dass der berühmte Fluss ein Geheimtipp ist, ist es dennoch erstaunlich, wie wenig Menschen unmittelbar am Ufer unterwegs sind. Abseits des Festes Lungo il Tevere ist es um den Fluss herum eher ruhig. **Lungo il Tevere** ist eine Veranstaltung mit Eis, Musik, Theater, Ausstellungen und auch Workshops. Das Fest unter dem freien Himmel ist äußerst beliebt.

Mein Tipp: Buchen Sie eine der Bootstouren auf dem Tiber, die Ihnen Sehenswürdigkeiten wie beispielsweise die Engelsburg zeigen. Vom Wasser aus hat man einen herrlichen Blick auf die Architektur und die Attraktionen. Bei den meisten Anbietern sind Sie mit knapp 15 € dabei.

Isola Tiberina: Dies ist der Name der Insel, die mitten im Tiber und nur durch zwei Brücken zum Festland verbunden, gelegen ist. Früher wurde diese Insel gemieden, da nur Schwerverbrecher auf diese verbannt wurden. Dieses Image wurde mit der Zeit abgeschwächt und heute ist die Basilika San Bartolomeo all´Isola zusammen mit dem Ospedale Fatebenefratelli und der Synagoge Tempio dei Giovani. Ich empfehle Ihnen einen Besuch dort, wenn sie noch etwas Zeit übrig haben und der Hektik entkommen wollen. Seit einiger Zeit gibt es auf der Insel das Kino „Isola del cinema", welches jedoch hauptsächlich italienische Filme zeigt.

Übrigens: Die Regierung will den Tiber wieder aufwerten wie z.B. durch einen Stadtstrand „Tiberis - la spiaggia di Roma". Ob das Ganze ein Erfolg wird, bleibt abzuwarten.

Der Tiber Radweg: Obwohl Rom keine sehr fahrradfreundliche Stadt ist, gibt es sehr schöne Radwege. Einer davon ist definitiv der am Ufer des Flusses! Der Fahrradweg ist sehr gut ausgebaut und führt beinahe durch ganz Rom. So kommen Sie entspannt zu den gewünschten Orten, ohne die Hektik des Straßenverkehrs. Dafür müssen Sie Ihr eigenes Fahrrad nicht dabei haben, sondern sich ein E-Bike oder ein normales Fahrrad leihen. Es gibt mehrere Stellen für den Fahrradverleih und variable Zeiträume.

Achtung: Da diese Form der Fortbewegung in Rom noch nicht so populär ist und noch in den Kinderschuhen steckt und Sie bei der Auswahl dieses Angebotes zu den Pionieren gehören, birgt der Fahrradverleih einige Gefahren. Es passiert häufig, dass

Fahrräder gestohlen werden und da die Verleiher meist nicht gegen den Diebstahl ihrer Räder versichert sind, könnte es sein, dass Sie für den Verlust aufkommen müssen. Außerdem gibt es einige Betrüger, die als Kaution Ihre Kreditkarte oder Ausweis verlangen und Sie damit bestehlen wollen. Im besten Fall buchen Sie online bei vertrauenswürdigen Fahrradverleihern. Die drei besten Verleiher sind meiner Meinung nach: Topbike, Wheely und Elebike, die sich alle in der Nähe des Kolosseums befinden.

AB ANS MEER

Da es in Rom in den Sommermonaten unerträglich heiß werden kann, ist es empfehlenswert, einen Ausflug an den Strand zu unternehmen. Mein Tipp für Sie: Anzio.

Diese Stadt befindet sich südlich von Rom am Tyrrhenischen Meer. Bei einer Strecke von ca. 60 km sind sie mit dem Auto in ca. einer Stunde und 15 Minuten am Ziel. Mit dem Regionalzug sind Sie in unter einer Stunde da und die Fahrt hin und zurück kostet ca. 15 € pro Person.

Anzio hat einen der schönsten Strände überhaupt und das, obwohl die kleine Stadt nicht sehr bekannt ist. Zu Zeiten des römischen Reiches war dieser Ort sehr beliebt und die obere Gesellschaftsschicht ließ sich dort Villen bauen. Davon zeugen die archäologischen Funde, die wertvolle Kunstschätze beinhalteten. Als Urlaubsort war dieser Standort perfekt – weit genug weg von dem Trubel der Großstadt, aber noch nah genug, um in Notfällen wieder in Rom sein zu können.

Caves of Nero: Eine der wohl größten und prunkvollsten Villen an dem Strand von Anzio war wohl die des Kaisers Nero. Noch heute findet man die Ruinen an der Promenade. Sie können Ihr Handtuch und Ihre Sachen quasi in der Ruine ablegen, die zum Teil mitten auf dem Strand sind.

Das Betreten der Ruinen ist zwar nicht verboten, doch das Betreten ist auf eigene Gefahr. Auch vom Meer aus kann man Höhlen erforschen, die vom Land aus nicht erreichbar sind, ohne nass zu werden. Die Ruinen sind ein echtes Abenteuer, dennoch sollte man im Hinterkopf behalten, dass man nicht zu viele Risiken eingeht, da es sich trotz allem um eingestürzte, uralte Bauten handelt. Wenn Sie also

Lust auf eine selbstständige Erkundungstour römischer Ruinen haben, dann sollten Sie den Caves of Nero auf jeden Fall einen Besuch abstatten.

Dieses Ausflugsziel interessiert Sie? Dann denken Sie beim Koffer packen daran, auch den Badeanzug und die Badehose einzupacken und Ihrem aufgeheizten Gemüt eine Abkühlung zu gönnen.

DAS NACHTLEBEN

Rom hat auch zu später Stunde noch einiges zu bieten! Nicht nur, dass die Sehenswürdigkeiten bei Nacht durch ihre Beleuchtung eine andere Seite von sich zeigen, sondern Sie werden bald bemerken, dass die Römer wissen, wie man Spaß hat. Denn gerade in der Innenstadt ist garantiert für jeden Geschmack etwas dabei! Hier eine kleine Auswahl an Etablissements, die Ich Ihnen wärmstens empfehlen kann:

Open-Baladin: Für diejenigen unter Ihnen, die auch im Ausland Ihr Feierabendbier nicht missen wollen, ist dieses Lokal eine gute Wahl. Hier wird vor allem Bier ausgeschenkt und von nationalen bis zu internationalen Sorten ist für jeden Geschmack was dabei. Außerdem gibt es hier sehr gute Burger!

Etabli: Das Etalbi ist meistens sehr international besucht. Hier läuft gute Musik, die zum Teil auch live vorgetragen wird. Eine sehr gemütliche Atmosphäre mit einer guten Auswahl an Drinks.

Black Market: Bei einem Besuch in dieser Lokalität können Sie nichts falsch machen, denn der Black Market ist Musik, Bar, Restaurant und Kunst in einem! Eine der schönsten Bars, die Monti zu bieten hat, die vor allem mit seinem Retro-Look punktet.

GOA: Dieser Club ist vor allem bei jungen Erwachsenen sehr beliebt. Hier wird viel getanzt und geredet. Man kann hier sehr viele nette Kontakte knüpfen. Die Musikrichtung ist Dubstep oder Electronic.

Club Derrière: Das Besondere an dieser Bar ist, dass sich diese in der Osteria delle Copelle befindet und nur durch einen weißen Schrank erreichbar ist. Da fühlt man sich gleich wie in Narnia. Die Innenausstattung ist sehr rustikal und die Bar gut bestückt.

Ai Tre Scalini: Das ist Italien pur: Wein so weit das Auge reicht. Diese Bar hat sich auf Wein spezialisiert. Aber sein Sie vorgewarnt: Die beliebte

Weinbar ist ziemlich überlaufen und es ist schwer, einen Platz zu bekommen.

Coho Apartment: Bei den Italienern sehr angesagt. Viele Besucher sind sehr aufgebrezelt und alles dreht sich ums Tanzen. Wer den bekanntesten Club Roms und die Italiener von ihrer besten Seite sehen will, der stattet dem Coho Apartment einen Besuch ab.

VERANSTALTUNGEN

Viele Feiertage in Rom sind ein echtes Spektakel. Wenn Ihnen eine dieser Veranstaltungen gefällt, können Sie diese als Highlight in Ihre Reise verplanen.

01.01. - Sprung in den Tiber: Eine Tradition, die seit 1946 besteht, bei der vor allem junge Männer mutig von bis zu 15 Meter hohen Brücken springen, um so das neue Jahr willkommen zu heißen.

09.03. - Segnung der Fahrzeuge: Unglaublich, aber wahr: An diesem Tag kann man sein Auto in der Kirche Santa Francesca-Romana sein Auto segnen lassen! Na, ob das den gefährlichen Fahrstil mancher wieder wettmacht?

21.04. - **Natale di Roma:** An diesem Feiertag wird die Gründung Roms gefeiert. Viele Menschen verkleiden sich als Gladiatoren, Senatoren oder Kaiser und laufen so durch die Straßen. Das absolute Highlight ist jedoch das riesige Feuerwerk, das am Abend gezündet wird!

Jun.-Sep. - **Estate Romana:** In den Sommermonaten ist ganz Rom auf den Beinen und aus verschiedenen Festivals und Veranstaltung entsteht das einzigartige Kulturfestival.

02.07. - **Festa della Republica:** Am Nationalfeiertag findet eine beeindruckende Militärparade unweit des Kolosseums und der Pizza Venezia statt.

Dez. - **Settimana dei Beni Culturali:** Diese zwei Kulturwochen Anfang Dezember bedeuten freien Eintritt für jeden in allen Museen, Denkmälern oder Ausgrabungen. Veranstaltet wird dieses Event vom Kultusministerium.

Reisekasse

Um Ihnen eine Vorstellung der Kosten zu geben, habe ich im Folgenden einen Überblick über die Finanzen erstellt. Wie hoch Ihr Budget sein soll, entscheiden letztendlich Sie und das hängt auch von vielen verschiedenen Faktoren ab, wie Dauer des Aufenthaltes oder Qualität. Im Folgenden werde ich Ihnen zwei Beispiele zeigen.

ROM DE LUXE

Hier ein Beispiel für die Ausgaben für einen Aufenthalt in Rom zu zweit unter luxuriösen Bedingungen. Diese Angaben sind optional und ungefähr im oberen Mittelfeld angesiedelt.

Die Anreise: Die wohl komfortabelste Reise Möglichkeit wäre wohl das Flugzeug. Ein Flug hin und zurück kostet pro Person ca. 340 €, für zwei Personen belaufen sich die Kosten auf rund **680 €.**

Dauer: Bei der Fülle an Attraktionen, sollte man sich schon mindestens eine Woche Zeit nehmen, um den Trip genießen zu können und ganz Rom entdecken.

Das Hotel: Bei einer Unterkunft, die in der Nähe des Zentrums liegt, gut bewertet ist und Frühstück anbietet, belaufen sich die Kosten für 7 Nächte á zwei Personen auf ca. **2000 €.**

Das Essen: Wenn man davon ausgeht, das Frühstück inklusive des Preises von dem Hotel ist, berechnen sich für den Mittagssnack zwischendurch ca. 7 € pro Person, ein Abendessen mit mehreren Gängen kosten in gehobenen Restaurants durchaus bis zu 40 € pro Person. Für das Gelato zwischendurch kommen sie auf ca. 2 € pro Person.

Durchschnittlich geben sie für eine Woche 343 € pro Person und **686 €** für zwei aus.

Sehenswürdigkeiten: Am einfachsten und bequemsten ist wohl das Buchen des Rom City Passes. In diesem enthalten sind: Der Hop-on Hop-off Bus, Eintritt zu den Sehenswürdigkeiten und Museen in Rom und dem Vatikan, sowie Tickets der Metro Rom, Bus, Tram und der Flughafentransfer. Außerdem können Sie so die Warteschlangen überspringen und schneller am Ziel sein. Für zwei Personen kostet der City Pass **324,60 €.**

Insgesamt: Der Preis für eine Romreise unter diesen Bedingungen beläuft sich auf **3690,60 €**, das bedeutet, ohne die Kosten für den Flug mit einberechnet, dass pro Person pro Tag ungefähr **263,60 €** anfallen.

...ODER FÜR DEN KLEINEN GELDBEUTEL

Ein weiteres Beispiel zeigt, dass man Rom erleben kann, auch ohne viel Geld ausgeben zu müssen. Dieses Beispiel liegt ca. in der unteren Hälfte.

Die Anreise: Eine der kostengünstigsten Arten nach Rom zu gelangen, ist die Fahrt mit dem Reisebus. Die Fahrt hin und zurück kostet pro Person ca. 100 €. Zu zweit kommt man dann auf **200 €.**

Dauer: Auch bei einem kleinen Budget empfehle ich eine Mindestaufenthaltsdauer von sieben Tagen.

Das Hotel: Wenn man sich auf der Website CouchSurfing anmeldet und mit einem Bewohner Roms ein Übereinkommen getroffen hat und dort die Zeit seines Aufenthalts nächtigen darf, belaufen sich die Kosten auf **0 €.**

Das Essen: Da in einer Wohnung üblicherweise eine Küche zu finden ist, kann man dort kochen und somit die Kosten teurer Restaurants sparen. Da man für jeden Tag Frühstück, Mittag und Abendessen bezahlen muss belaufen sich hier die Kosten auf ca. 15 € pro Tag. Hochgerechnet auf eine Woche wären das ca. **105 €.**

Sehenswürdigkeiten: Um günstig von A nach B zu kommen, ist die Wochenkarte mit 24 € eine gute Wahl. Für zwei betragen die Fahrtkosten dann **48 €.** Eine kleinere Auswahl an Sehenswürdigkeiten könnten sein: Das Kolosseum (Eintritt: 12 € p. P.), das Forum Romanum (Eintritt: 12 € p. P.), der Circus Maximus (Eintritt: frei), die Katakomben (Eintritt: 8 € p. P.), diverse Kirchen (Eintritt: frei), das Museo Nazionale Romano (Eintritt: 16 € p. P.), die vatikanischen Museen (Eintritt: 17 € p. P.), die vatikanischen Gärten (Eintritt: größtenteils frei), der Petersdom (Eintritt: frei) und die Kuppel des Petersdoms (Eintritt: 8 € p. P.). All diese Attraktionen wurden auf eine Summe von **146 €.** Jedoch sollte man mit den langen Wartezeiten rechnen.

    <u>**Insgesamt:**</u> Die Reise nach Rom unter den aufgeführten Bedingungen kostet ca. <u>**499 €**</u>, also ohne die Anreise knapp <u>**21 €**</u> pro Person pro Tag. Allerdings kann eine solche Reise ziemlich anstrengend sein kann und man sollte sich vorher viel mit der Kontaktperson in Rom austauschen, damit es nicht zu bösen Überraschungen kommt.

Rom - Immer eine Reise wert

Für mich persönlich ist Rom eine der schönsten Städte, die Europa zu bieten hat. Ich bin schon drei Mal dort gewesen und habe die italienische Hauptstadt jedes Mal von einer anderen Seite erleben dürfen.

Doch lassen Sie sich auf jeden Fall genug Zeit, um Rom genießen zu können und versuchen Sie nicht, in drei Tagen alle Museen und Sehenswürdigkeiten abzugrasen, um das Pflichtprogramm zu schaffen. Dafür ist Rom echt zu schade. Denn jede

Sehenswürdigkeit verdient angemessenen Respekt und Ihre volle Aufmerksamkeit! Rom ist wie ein lebendiges Geschichtsbuch und lehrt uns wie keine zweite Stadt den Aufstieg und Niedergang einer der größten Nationen weltweit. Der Blick auf die Ruinen einstiger Schauplätze großer Spektakel lässt einen demütig werden und die Gegenwart mit anderen Augen betrachten. Zudem hat Rom viele wertvolle Kunstgegenstände, die es für Kunstliebhaber unumgänglich machen, die vatikanischen Museen oder das Museo Nazionale Romano zu besuchen.

Auch für Menschen, die Kunst oder Geschichte nicht interessiert, hat Rom kulinarisch einiges zu bieten. Kurzum: Die Stadt Rom kann für jeden Typ ein tolles Reiseziel sein.

Lohnt es sich die Stadt ein zweites Mal zu besuchen? Diese Frage lässt sich mit einem klaren „Ja" beantworten, denn da Rom sehr vielfältig ist, lohnt es sich die Großstadt mehrere Male zu besuchen. Auch zu verschiedenen Jahreszeiten ist Rom ein anderes Erlebnis. Im Sommer, der Hauptsaison sind viele Touristen unterwegs und das einzigartige Kulturfest findet statt, während in der Winterzeit eher weniger los ist, aber dafür für zwei Wochen in allen Museen der Eintritt kostenlos ist.

Es lohnt sich auch, Rom zu seinen Feiertagen wie zu dem italienischen Nationalfest zu besuchen oder zu dem Gedenktag der Gründung Roms, aber auch zum Karneval in Rom, der dem in Venedig zwar nicht das Wasser reichen kann, aber dennoch durchaus seine Berechtigung hat. Zu den verschiedenen Festen sieht man vor allem die Römer ausgelassen und in Feierstimmung. Die ganze Stadt scheint verwandelt zu sein.

Nach meinen Erfahrungen sind die Römer ausgesprochen freundlich und bemühen sich um Ausländer, auch wenn man sich wegen der Sprachbarriere mit Händen und Füßen verständigen muss. Wenn Sie offen sind, werden Sie schnell Kontakte knüpfen, wie beispielsweise in Ihrer Lieblingsbar. Nach spätestens einer Woche werden Sie Rom so sehr in Ihr Herz geschlossen haben, dass Sie gar nicht mehr abreisen wollen und in Gedanken schon den nächsten Urlaub planen, denn so war es jedenfalls bei mir.

Rom als traumhafte Kulisse von Film und Theater lässt einen ebenfalls besonders führen und ein oder mehrere Selfies vor dem Kolosseum oder dem Forum Romanum sind ein absolutes Muss! Bei Nacht werden die Fotos übrigens noch um einiges besser, da das beleuchtete Kolosseum einen gewissen Charme hat und am Abend, wenn die Sehenswürdigkeit geschlossen hat, gibt es viel weniger Menschen, die sich in den Hintergrund schleichen und durch „Foto-Bombing" das Erinnerungsfoto kaputt machen.

Auch wenn die berühmten Sehenswürdigkeiten Roms sehr lockende sind, möchte ich Ihnen den Rat geben, sich auch in die Nebengassen zu begeben, vor allem in die schönen Viertel der Altstadt Trastevere und San Lorenzo, die vor allem von Studenten bewohnt werden. Hier werden Sie viele angesagte Clubs und süße Löschen finden.

Ich hoffe, ich konnte Ihnen einen Eindruck von der faszinierenden Hauptstadt vermitteln, in die ich auch ein viertes Mal reisen würde, denn Rom ist auf jeden Fall eine Reise wert, wenn nicht sogar zwei oder drei Reisen! Lernen auch Sie Rom kennen und lieben. Ich wünsche Ihnen einen wunderschönen Urlaub in Rom und hoffe, dass dieses Buch Ihnen bei der Planung hilfreich sein konnte.

Packliste

Geld & Finanzen

O (evtl.) Auslandswährung

O Bargeld

O Bauchtasche

O Brustbeutel

O Bauchtasche

O EC-Karte

O Kreditkarte

O Notfall-Telefonnummern der Banken

O Portmonee

Hygiene

O Haarbürste / Kamm

O Deo (klein)

O Shampoo

O Kulturtasche

O Sonnencreme

O Taschentücher

O Reise-Zahnbürste und Zahnpasta
O Verhütungsmittel

Kleidung

O Badeklamotten
O Gürtel
O Hosen kurz / lang
O Mütze / Cap / Hut
O Pullover
O Regenjacke
O Schlafanzug
O Socken
O Sonnenbrille
O Sportklamotten / Jogginghose
O T-Shirts
O Unterwäsche

Medikamente

O Blasenpflaster
O Anti-Durchfalltabletten
O Erste-Hilfe-Set

O Fiebertabletten

O Fiebertabletten

O Mückenschutz

O sonstige Medikamente

O Pflaster

O Kopfschmerztabletten

Unterlagen & Papiere

O ADAC Unterlagen

O Adresslisten für Postkarten

O Krankversicherungsnachweis

O Stadtplan

O Führerschein

O Unterlagen für die Unterkunft

O Wasserdichte Hülle für Reiseunterlagen

O Impfausweis

O Mietwagenunterlagen

O Personalausweis

O Reisepass

O Reisetagebuch

O evtl. Studentenausweis

O evtl. Visum
O Zug- / Bahn- / Flugticket

Taschen & Rucksäcke

O Koffer / Trolley / Reisetasche
O Regenhülle für Rucksack
O Rucksack

Schuhe

O Badeschlappen / Hausschuhe
O Schuhe und Wechselschuhe

Sonstiges

O Brille / Kontaktlinsen und Etui
O Buch zum Lesen
O Ohrenstöpsel und Schlafmaske
O Regenschirm
O Reisedecke
O Wasserflasche
O Wörterbuch

Elektronik

O Digitalkamera
O Handy
O Ladekabel
O Kopfhörer
O evtl. Steckdosenadapter
O Power-Bank

Herstellung und Verlag:

BoD – Books on Demand, Norderstedt

ISBN: 9783752894059

1. Auflage

Kontakt: Psiana eCom UG/ Berumer Str. 44/ 26844 Jemgum

Covergestaltung: Fenna Larsson

Coverfoto: depositphotos.com